Recettes light INRATABLES au robot-cuiseur !

LAROUSSE

INTRODUCTION

Vous n'aimez rien tant que vous régaler de bons petits plats, mais vous courez après le temps et tenez à garder la ligne ? Vous avez toute une tribu à nourrir et manquez d'inspiration ? Vous vous demandez comment associer gourmandise et cuisine légère ? Le robot-cuiseur est l'allié qu'il vous faut !

Le robot-cuiseur vous permet de cuire plus rapidement qu'avec les méthodes traditionnelles, et les possibilités sont multiples. Vous choisissez le mode et la durée qui vous conviennent : cuisson sous pression, pour dorer, mijoter et même maintenir au chaud.

Voici quelques règles d'or avant de vous lancer.

- **Lisez bien la notice, pas de précipitation !** Ces quelques minutes vous feront gagner temps et efficacité lorsque vous serez en cuisine.

- **Optez pour un matériel adapté :** vos moules ne devront pas mesurer plus de 18 cm de diamètre et le film alimentaire recouvrant vos gâteaux et autres terrines devra être résistant à la chaleur.

- **Chouchoutez-le :** votre robot demandera un nettoyage après chaque utilisation. Vous êtes chanceux, il se démonte facilement et vit très bien le lave-vaisselle !

- **Faites-vous plaisir !** Lorsque vous maîtriserez bien votre robot, pourquoi ne pas adapter les recettes selon votre goût ? L'eau de cuisson peut être remplacée par un bouillon ou agrémentée d'herbes, de vin... Relevez vos plats des épices que vous aimez et ajoutez de la vanille ou de la cannelle dans vos desserts.

Et le light, dans tout ça ? Le mode sous pression, similaire à une cuisson à la Cocotte-Minute, conviendra parfaitement à votre envie de recettes légères ! Il requière l'ajout d'un liquide, dont la quantité dépend des ingrédients. Celle-ci est toujours indiquée dans les recettes, car il ne faut ni noyer votre préparation, ni l'assécher. Une partie de cette eau s'évacue dans un réservoir à l'arrière du robot. Pensez à le vider régulièrement ! Vous pourrez associer la cuisson sous pression au mode mijoter, pour une cuisson douce, ou dorer, plus forte, pour trouver les saveurs et textures qui vous feront définitivement craquer.

SOMMAIRE

Apéritifs, soupes & entrées

Plats

Desserts

BROCHETTES DE CREVETTES
et mangue pimentées

15 min
8 min
4 pers.
103 cal par portion

1 Décortiquez les crevettes en gardant la queue.

2 Insérez la cuve dans l'appareil et réglez-le sur le **mode manuel** / **cuisson classique** / **dorer**. Versez l'huile de coco et laissez chauffer 1 min. Déposez les crevettes et faites-les griller environ 5 min sur toutes les faces. Ajoutez le paprika et le piment, puis poursuivez la cuisson 2 min.

3 Sur des piques à brochettes, alternez les crevettes et la mangue. Dégustez chaud ou froid.

Servez avec des quartiers de citron vert et du persil.

Crevettes
200 g

Mangue
pas trop mûre
100 g (en gros cubes)

Huile de coco
1 c. à soupe

Paprika
1/2 c. à soupe

Piment de Cayenne
1/4 de c. à café

BROCHETTES DE POULET
façon popcakes

10 min

11 min

4 pers.

144 cal par portion

1 Mixez le poulet avec les biscottes, le blanc d'œuf et les cives. Formez 16 boulettes de taille égale.

2 Insérez la cuve dans l'appareil et réglez-le sur le **mode manuel** / **cuisson classique** / **dorer**. Versez l'huile et laissez **préchauffer** 1 min. Faites-y griller les boulettes 10 min environ sur toutes les faces. Déglacez avec la sauce soja.

3 Sur 16 petites piques, piquez les boulettes et dégustez bien chaud.

Blancs de poulet
150 g (en morceaux)

Biscottes
3

Blanc d'œuf
1

Cives
2 (émincées)

Huile d'olive
1 c. à soupe

Sauce soja
1 c. à soupe

VELOUTÉ DE POIS CASSÉS,
courgettes et menthe

10 min | 10 min
4 pers. | 154 cal par portion

1 Mettez tous les ingrédients (sauf la menthe) et 80 cl d'eau dans la cuve.

2 Insérez la cuve dans l'appareil et réglez-le sur le **mode manuel** / **cuisson sous pression**. Programmez la minuterie à 10 min, puis **départ immédiat**. Fermez et verrouillez.

3 À la fin de la cuisson, ajoutez la menthe dans la cuve et mixez. Poivrez au moment de servir.

Pois cassés
150 g

Courgettes
150 g (en dés)

Menthe
1 bouquet (effeuillé)

Oignon
1 (émincé)

Ail
3 gousses

SOUPE À LA TOMATE
et au basilic

10 min

13 min

4 pers.

64 cal par portion

1 Insérez la cuve dans l'appareil et réglez-le sur le **mode manuel** / **cuisson classique** / **dorer**. Versez un peu d'huile et attendez la fin du **préchauffage**. Faites dorer l'oignon 2 min. Ajoutez les tomates et poursuivez la cuisson 1 min. Ajoutez le cube de bouillon émietté et couvrez d'eau à hauteur. Salez peu et poivrez.

2 Passez en **mode manuel** / **cuisson sous pression**. Programmez la minuterie à 10 min, **départ immédiat**. Fermez et verrouillez.

3 À la fin de la cuisson, ouvrez l'appareil et mixez avec le basilic. Servez bien chaud, parsemé de basilic et arrosé de 1 filet d'huile.

Tomates
600 g (en morceaux)

Basilic
1 petit bouquet (effeuilé)

Oignon
1 (émincé)

Bouillon de légumes
1 cube

Huile d'olive
1 c. à soupe

SOUPE DE FANES
de radis

10 min | 12 min
4 pers. | 127 cal par portion

1 Placez les pommes de terre et l'oignon avec les fanes dans la cuve. Salez, poivrez et versez 75 cl d'eau.

2 Insérez la cuve dans l'appareil et réglez-le sur le **mode manuel / cuisson sous pression**. Programmez la minuterie à 12 min, **départ immédiat**. Fermez et verrouillez.

3 À la fin de la cuisson, ouvrez l'appareil et mixez avec la crème. Servez bien chaud.

Fanes de radis
1 botte

Pommes de terre
4 (pelées, en dés)

Oignon
1 (émincé)

Crème fraîche allégée
1 c. à soupe

SOUPE DE POTIMARRON
aux châtaignes

10 min

8 min

4 pers.

101 cal par portion

Potimarron
1 (en dés)

Châtaignes en bocal
100 g + quelques brisures

Oignon
1 (émincé)

1 Mettez le potimarron et l'oignon dans la cuve avec les châtaignes. Salez, poivrez et couvrez d'eau à hauteur.

2 Insérez la cuve dans l'appareil et réglez-le sur le **mode manuel / cuisson sous pression**. Programmez la minuterie à 8 min, **départ immédiat**. Fermez et verrouillez.

3 À la fin de la cuisson, ouvrez l'appareil et mixez. Servez bien chaud, parsemé de brisures de châtaignes.

SOUPE DE LÉGUMES SECS
au fenouil

10 min | 20 min

4 pers. | Trempage 12 h

212 cal par portion

Légumes secs variés
150 g

Fenouil
1 (en petits dés)

1 La veille, faites tremper les légumes secs dans de l'eau.

2 Le jour même, mettez tous les ingrédients dans la cuve avec 90 cl d'eau. Insérez la cuve dans l'appareil et réglez-le sur le **mode manuel / cuisson sous pression**. Programmez la minuterie à 20 min, **départ immédiat**. Fermez et verrouillez.

3 Poivrez au moment de servir.

Parsemez de persil.

Carottes
2 (pelées, en petits dés)

Échalotes
2 (émincées)

Orge (ou épeautre)
50 g

Concentré de tomates
2 c. à soupe

VELOUTÉ DE CAROTTES, lentilles corail et coco

10 min

14 min

4 pers.

329 cal par portion

1 Insérez la cuve dans l'appareil et réglez-le sur le **mode manuel** / **cuisson classique** / **dorer**. Versez l'huile et attendez la fin du **préchauffage**. Faites dorer les carottes, les oignons et le curry 3 min. Ajoutez les lentilles et, après 1 min, versez 75 cl d'eau. Salez et poivrez.

2 Passez au **mode manuel** / **cuisson sous pression**. Programmez la minuterie sur 10 min, **départ immédiat**. Fermez et verrouillez.

3 Mixez le contenu de la cuve avec le lait de coco.

Parsemez de coriandre si vous le souhaitez.

Carottes
2 (pelées, émincées)

Lentilles corail
200 g

Lait de coco
10 cl

Oignons
2 (émincés)

Huile d'olive
3 c. à soupe

Curry
1 c. à café

SOUPE DE LENTILLES,
potiron et coing

20 min | 12 min | 4 pers. | Trempage 12 h | 189 cal par portion

Lentilles vertes
100 g

Potiron
150 g (en dés)

Coing
1 petit (pelé, en dés)

Poireau
1 (émincé)

Pommes de terre
2 (pelées, en dés)

Clou de girofle
1

1 La veille, faites tremper les lentilles dans de l'eau.

2 Le jour même, déposez les lentilles vertes dans une boule à riz. Mettez tous les ingrédients dans la cuve avec 80 cl d'eau.

3 Insérez la cuve dans l'appareil et réglez-le sur le **mode manuel** / **cuisson sous pression**. Programmez la minuterie à 12 min, **départ immédiat**. Fermez et verrouillez.

4 À la fin de la cuisson, ouvrez l'appareil, retirez la boule et mixez. Servez chaud, parsemé de lentilles.

Arrosez éventuellement d'huile de noix et saupoudrez de piment d'Espelette.

SOUPE
de légumes d'hiver

10 min

12 min

4 pers.

179 cal par portion

1 Mettez les légumes dans la cuve, salez, poivrez et couvrez d'eau à hauteur.

2 Insérez la cuve dans l'appareil et réglez-le sur le **mode manuel / cuisson sous pression**. Programmez la minuterie à 12 min, **départ immédiat**. Fermez et verrouillez.

3 À la fin de la cuisson, ouvrez l'appareil et mixez avec la crème. Servez bien chaud.

Pommes de terre
4 (pelées, en morceaux)

Carottes
3 (pelées, en morceaux)

Navet
1 (en morceaux)

Oignon
1 (en morceaux)

Poireau
1 (en morceaux)

Crème fraîche allégée
2 c. à soupe

VELOUTÉ FROID
de carottes à l'orange

10 min | 9 min

4 pers. | 83 cal par portion

1 Insérez la cuve dans l'appareil et réglez-le sur le **mode manuel** / **cuisson classique** / **dorer**. Versez l'huile et attendez la fin du **préchauffage**. Faites dorer les échalotes 2 min, puis ajoutez les carottes. Couvrez d'eau à hauteur et ajoutez le jus d'orange et le cumin. Salez et poivrez.

2 Passez en **mode manuel** / **cuisson sous pression**. Programmez la minuterie à 7 min, **départ immédiat**. Fermez et verrouillez.

3 À la fin de la cuisson, ouvrez l'appareil et mixez.

Carottes
500 g (pelées, en dés)

Orange
1 grosse (le jus)

Échalotes
2 (émincées)

Cumin en poudre
1 pincée

Huile d'olive
1 c. à soupe

SOUPE
miso

10 min

4 min

4 pers.

77 cal
par portion

1 Diluez la pâte de miso dans la sauce soja. Placez le poireau, les champignons et le tofu dans la cuve avec les feuilles de wakamé et versez 1 l d'eau.

2 Insérez la cuve dans l'appareil et réglez-le sur le **mode manuel / cuisson sous pression**. Programmez la minuterie sur 4 min, **départ immédiat**. Fermez et verrouillez.

3 À la fin de la cuisson, ouvrez l'appareil et mélangez avec le bouillon au miso. Servez immédiatement.

Pâte de miso
3 c. à soupe

Sauce soja
3 c. à soupe

Poireau
1 (finement émincé)

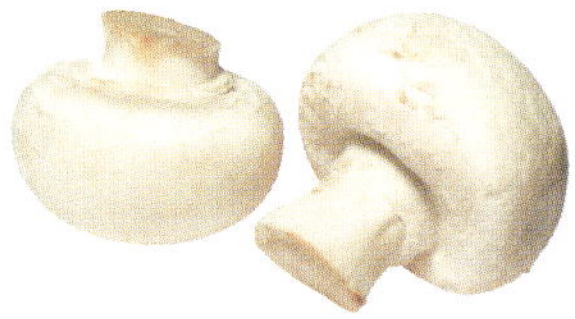

Champignons de Paris
100 g (finement émincés)

Tofu ferme
125 g (en petits dés)

Wakamé
quelques feuilles

SOUPE CHINOISE
au poulet

15 min

7 min

4 pers.

175 cal par portion

1 Faites tremper les nouilles dans un saladier d'eau chaude. Mettez les champignons, les carottes et 70 cl d'eau dans la cuve.

2 Insérez la cuve dans l'appareil et réglez-le sur le **mode manuel / cuisson sous pression**. Programmez la minuterie à 5 min, **départ immédiat**. Fermez et verrouillez.

3 À la fin de la cuisson, ouvrez l'appareil, ajoutez le poulet, le cresson (réservez-en quelques feuilles), le maïs et les nouilles égouttées. Laissez cuire 2 min. Servez chaud, parsemé du cresson restant.

Blancs de poulet
2 (en lanières)

Nouilles de riz
150 g

Champignons de Paris
100 g (en quartiers)

Carottes
2 (pelées, en bâtonnets)

Cresson
2 poignées

Mini-maïs en boîte
10

FLANS DE BUTTERNUT
au gingembre

10 min

6 min

6 pers.

83 cal par portion

1 Râpez la courge avec la peau au robot. Battez les œufs avec le lait et la farine. Ajoutez la moitié de la coriandre, la courge et le gingembre. Versez dans 6 ramequins beurrés. Filmez-les et empilez-les sur 2 étages dans le panier vapeur.

2 Versez 20 cl d'eau dans la cuve et insérez-la dans l'appareil. Réglez-le sur le **mode manuel / cuisson sous pression**. Déposez délicatement le panier. Programmez la minuterie sur 6 min, **départ immédiat**. Fermez et verrouillez.

3 Poivrez et parsemez du reste de coriandre.

Courge butternut
1 petite (300 g)

Gingembre frais
1 morceau (râpé)

Œufs
4

Lait
25 cl

Coriandre
1 petit bouquet (ciselé)

... et aussi un peu de
- Farine de pois chiches (2 c. à soupe)
- Beurre (10 g)

FLANS DE BROCOLI
à la muscade

10 min

6 min

6 pers.

91 cal par portion

1 Battez énergiquement les œufs avec le lait, la farine et la muscade. Râpez le brocoli et incorporez-le. Salez et poivrez. Versez dans 6 petits ramequins beurrés. Filmez-les et mettez-les dans le panier vapeur sur 2 étages.

2 Insérez la cuve dans l'appareil et réglez-le sur le **mode manuel / cuisson sous pression**. Versez 20 cl d'eau dans la cuve et déposez délicatement le panier. Programmez la minuterie sur 6 min, **départ immédiat**. Fermez et verrouillez.

Brocoli
300 g (en fleurettes)

Muscade râpée
1 belle pincée

Œufs
4

Lait
25 cl

Farine de pois chiches
2 c. à soupe

Beurre
10 g

FLANS DE LÉGUMES

au saumon fumé

10 min

6 min

6 pers.

128 cal par portion

1 Répartissez les légumes avec le saumon dans 6 ramequins. Battez les œufs avec la crème et le lait, salez peu et poivrez. Versez dans les ramequins. Filmez-les et empilez-les sur 2 étages dans le panier vapeur.

2 Versez 20 cl d'eau dans la cuve. Insérez-la dans l'appareil et réglez-le sur le **mode manuel / cuisson sous pression**. Déposez délicatement le panier. Programmez la minuterie à 6 min, **départ immédiat**. Fermez et verrouillez.

Légumes cuits
200 g (en petits morceaux)

Chutes de saumon fumé
100 g

Œufs
4

Crème liquide allégée
20 cl

Lait
30 cl

SALADE CAPONATA
froide

15 min

17 min

4 pers.

Réfrigération 3 h

147 cal par portion

1 Insérez la cuve dans l'appareil et réglez-le sur le **mode manuel** / **cuisson classique** / **dorer**. Sans attendre la fin du **préchauffage**, faites griller les pignons 2 min à sec, puis réservez. Versez l'huile et faites revenir les aubergines et l'oignon 5 min.

2 Ajoutez les tomates, les olives et 20 cl d'eau. Passez en **mode manuel** / **cuisson sous pression**. Programmez la minuterie à 10 min, **départ immédiat**. Fermez et verrouillez.

3 Mettez au moins 3 h au frais. Servez parsemé de pignons et arrosé de vinaigre.

Parsemez de basilic si vous le souhaitez.

Aubergines
300 g (en dés)

Oignon
1 (émincé)

Tomates concassées
300 g (en boîte)

Olives vertes
20

Pignons de pin
1 c. à soupe

... et aussi un peu de

+ Huile d'olive (1 c. à soupe)
+ Vinaigre balsamique (1 c. à soupe)

SALADE DE POIVRONS,
chèvre frais et roquette

10 min | 8 min

4 pers. | 126 cal par portion

1 Placez les poivrons dans le panier vapeur. Insérez la cuve dans l'appareil, versez 50 cl d'eau et mettez le panier. Réglez l'appareil sur le **mode manuel / cuisson sous pression**. Programmez la minuterie à 8 min, **départ immédiat**. Fermez et verrouillez.

2 Pelez les poivrons et coupez-les en lanières. Disposez-les sur la roquette et parsemez de chèvre émietté. Assaisonnez, puis arrosez d'huile et de vinaigre.

Poivrons rouges
2 (coupés en 4, épépinés)

Poivrons jaunes
2 (coupés en 4, épépinés)

Chèvre frais
100 g

Mâche
100 g

Huile d'olive
1 c. à soupe

Vinaigre balsamique
1 c. à soupe

SALADE D'ASPERGES,
oranges et noix

15 min

10 min

4 pers.

172 cal
par portion

1 Prélevez le zeste et le jus de 1 orange et les suprêmes de l'autre. Mettez les asperges dans le panier vapeur.

2 Versez 50 cl d'eau dans la cuve et insérez-la dans l'appareil avec le panier. Réglez l'appareil sur le **mode manuel** / **cuisson sous pression**. Programmez la minuterie à 5 min, **départ immédiat**. Fermez et verrouillez.

3 Videz l'eau. Revenez au **mode manuel** / **cuisson classique** / **dorer**. Sans attendre la fin du **préchauffage**, torréfiez les noix 3 min et réservez. Versez l'huile d'olive, puis faites griller les asperges 2 min. Versez le jus d'orange et laissez réduire.

4 Servez les asperges avec leur jus, les suprêmes et les noix concassées. Assaisonnez, parsemez de zeste d'orange et arrosez d'huile de noix.

Asperges vertes
1 botte (pelées)

Oranges
2

Noix
1 poignée

Huile d'olive
1 c. à café

Huile de noix
1 c. à soupe

SALADE D'AUTOMNE
à la courge et au jambon

15 min

17 min

4 pers.

250 cal par portion

1 Insérez la cuve dans l'appareil et réglez-le sur le **mode manuel** / **cuisson classique** / **dorer**. Versez 1 c. à soupe d'huile et faites revenir le jambon, la courge et les châtaignes 10 min. Ajoutez le paprika et assaisonnez.

2 Passez en **mode manuel** / **cuisson classique** / **mijoter**. Faites cuire 5 à 7 min, jusqu'à ce que la courge soit tendre.

3 Mettez la salade dans un saladier et parsemez du mélange grillé. Servez tiède avec le reste d'huile.

Courge
300 g (non pelée, en dés)

Dés de jambon
200 g

Châtaignes en bocal
100 g

Paprika
1 c. à café

Salade frisée
1/2

Huile d'olive
2 c. à soupe

SALADE THAÏE
au bœuf

15 min

5 min

4 pers.

Marinade
20 min

156 cal
par portion

1 Mélangez les sauces dans un saladier et faites-y mariner le bœuf avec la citronnelle 20 min.

2 Insérez la cuve dans l'appareil et réglez-le sur le **mode manuel** / **cuisson classique** / **dorer**. À la fin du **préchauffage**, versez la marinade, en retirant la citronnelle, et faites-y revenir le bœuf 5 min.

3 Servez les carottes avec le soja, le bœuf et sa sauce. Parsemez de coriandre et arrosez de jus de citron.

Carpaccio de bœuf
300 g

Citronnelle
1 bâtonnet (haché)

Carottes
3 (pelées, grossièrement râpées)

Pousses de soja
400 g

Coriandre
1/2 bouquet (ciselé)

... et aussi un peu de

+ Sauce soja (2 c. à café)
+ Sauce nuoc-mâm (1 c. à café)
+ Citron vert (le jus de 1)

SALADE DE BŒUF, oranges et mâche

10 min | 6 à 20 min

4 pers. | Marinade 1 h

243 cal par portion

1 Laissez mariner les pavés de bœuf 1 h dans le zeste et le jus de 1 orange. Pelez la seconde et tranchez-la très finement.

2 Insérez la cuve dans l'appareil et réglez-le sur le **mode manuel** / **cuisson classique** / **dorer**. Faites griller les pistaches 3 min à sec et réservez. Ajoutez 1 c. à soupe d'huile et faites griller la viande 3 min de chaque côté pour un pavé saignant, 6 min pour qu'il soit à point, 10 min pour qu'il soit bien cuit. Versez le jus et laissez cuire quelques minutes.

3 Coupez le bœuf en lamelles. Servez avec la mâche, les tranches d'orange et les pistaches. Assaisonnez, puis arrosez d'huile et de vinaigre.

Pavés de bœuf
300 g

Oranges
2

Mâche
200 g

Pistaches concassées
2 c. à soupe

Huile d'olive
2 c. à soupe

Vinaigre balsamique
1 c. à soupe

TACOS DE LAITUE
au bœuf effiloché

10 min

13 min

4 pers.

226 cal par portion

1 Insérez la cuve dans l'appareil et réglez-le sur le **mode manuel** / **cuisson classique** / **dorer**. Versez l'huile et, à la fin du **préchauffage**, faites griller le bœuf 8 min sur toutes les faces. Ajoutez la moitié des épices et 20 cl d'eau, puis assaisonnez.

2 Passez en **mode manuel** / **cuisson sous pression**. Programmez la minuterie à 5 min, **départ immédiat**. Fermez et verrouillez.

3 Effilochez le bœuf avec 2 fourchettes. Mélangez les yaourts et les épices restantes, puis assaisonnez. Garnissez chaque feuille de laitue de crudités, de bœuf et de sauce. Dégustez immédiatement.

Parsemez de persil.

Pavés de bœuf
500 g

Laitue
8 grandes feuilles

Huile d'olive
1 c. à soupe

Épices cajun
1 c. à café

Crudités mélangées
200 g

Yaourts brassés
à 0 % de MG
2

ROSBIF AU THYM

et aux échalotes

10 min

40 min

6 pers.

229 cal par portion

1 Insérez la cuve dans l'appareil et réglez-le sur le **mode manuel** / **cuisson classique** / **dorer**. Versez l'huile et, à la fin du **préchauffage**, faites griller le rosbif 5 min par face. Ajoutez les échalotes, le thym et faites revenir 5 min.

2 Versez 20 cl d'eau. Passez en **mode manuel** / **cuisson sous pression**. Programmez la minuterie à 10 min, **départ immédiat**. Fermez et verrouillez.

3 À la fin de la cuisson, réservez la viande. Passez en **mode manuel** / **cuisson classique** / **dorer**. Déglacez les échalotes avec la crème et faites réduire 5 min. Servez le rôti avec la sauce et du mesclun.

Rosbif
1 (600 g)

Thym
2 branches

Échalotes
6 (émincées)

Huile d'olive
1 c. à soupe

Crème fraîche allégée
20 cl

Mesclun
250 g

RIZ PILAF AUX POIVRONS
et au bœuf épicé

15 min
27 min
4 pers.
360 cal par portion

1 Insérez la cuve dans l'appareil et réglez-le sur le **mode manuel / cuisson classique / dorer**. Versez l'huile. À la fin du **préchauffage**, faites revenir les échalotes avec le riz 6 à 7 min en remuant régulièrement jusqu'à ce qu'ils deviennent translucides. Ajoutez le bœuf, les poivrons, le piment et les épices. Poursuivez la cuisson 5 min.

2 Versez de l'eau à hauteur et laissez mijoter jusqu'à absorption totale. Comptez 15 min environ.

Riz
200 g

Poivrons rouges
2 (en cubes)

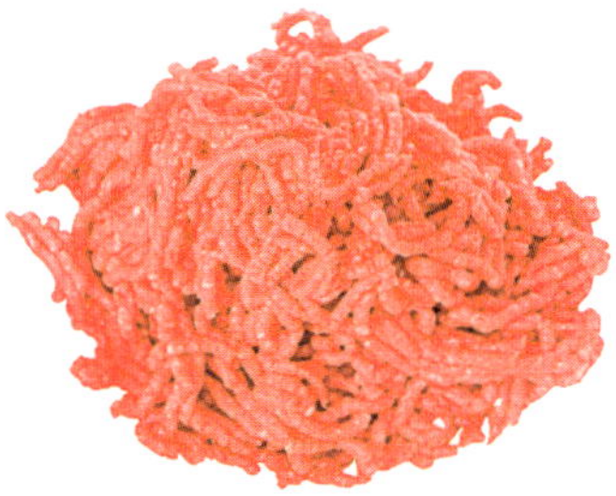

Bœuf haché
400 g

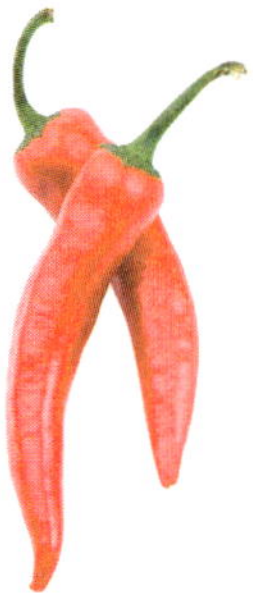

Piment rouge
1 petit (émincé)

… et aussi un peu de
+ Huile d'olive (1 c. à soupe)
+ Curcuma (1 c. à café)

Échalotes
2 (émincées)

BŒUF SAUTÉ
au brocoli et au sésame

15 min

25 min

4 pers.

175 cal par portion

1 Insérez la cuve dans l'appareil et réglez-le sur le **mode manuel / cuisson classique / dorer**. Versez l'huile, laissez chauffer 2 min, puis faites sauter le bœuf et le brocoli 3 min.

2 Passez en **mode manuel / cuisson classique / mijoter**. Ajoutez 10 cl d'eau et le cube de bouillon émietté. Laissez mijoter 15 min.

3 Diluez la fécule dans 2 c. à soupe d'eau et ajoutez-la. Laissez cuire 5 min. Servez chaud avec la sauce et parsemé de sésame.

Pavés de bœuf
300 g (en lanières)

Brocoli
1 gros (en fleurettes)

Graines de sésame
1 c. à soupe

Huile d'olive
1 c. à soupe

Bouillon de légumes sans sel
1 cube

Fécule de maïs
1 c. à soupe

PORC AU CARAMEL
et vermicelles de riz

15 min

20 min

4 pers.

381 cal
par portion

1 Insérez la cuve dans l'appareil et réglez-le sur le **mode manuel** / **cuisson classique** / **dorer**. Versez l'huile et faites revenir les oignons 5 min. Ajoutez le porc et poursuivez la cuisson 5 min.

2 Versez 20 cl d'eau. Passez en **mode manuel** / **cuisson sous pression**. Programmez la minuterie à 5 min, **départ immédiat**. Fermez et verrouillez.

3 Assaisonnez, puis versez le sirop d'agave et la sauce soja. Passez en **mode manuel** / **cuisson classique** / **dorer** et laissez caraméliser 5 min.

4 Réhydratez les nouilles dans de l'eau bouillante, puis servez-les avec le porc caramélisé.

Si vous le souhaitez, parsemez de coriandre.

Filet mignon de porc
300 g (en dés)

Vermicelles de riz
240 g

Oignons
3 (émincés)

Huile d'olive
1 c. à soupe

Sirop d'agave
1 c. à soupe

Sauce soja
1 c. à soupe

MIGNONETTES DE PORC
et haricots à l'ail

10 min | 27 min
4 pers. | 430 cal par portion

1 Insérez la cuve dans l'appareil et réglez-le sur le **mode manuel** / **cuisson classique** / **dorer**. Versez l'huile et attendez la fin du **pré-chauffage**. Faites griller la viande 5 min de chaque côté, puis réservez.

2 Faites griller l'ail et les haricots dans le jus de cuisson de la viande 7 min.

3 Incorporez la crème. Passez en **mode manuel** / **cuisson classique** / **mijoter**. Ajoutez les mignonnettes pour les réchauffer et faites réduire 10 min environ.

Mignonettes de porc
4

Haricots verts frais
500 g (équeutés)

Crème fraîche allégée
20 cl

Ail
2 gousses (écrasées)

Huile d'olive
1 c. à soupe

OSSO-BUCO

10 min

50 min

4 pers.

410 cal par portion

1 Insérez la cuve dans l'appareil, puis réglez-le sur le **mode manuel** / **cuisson classique** / **dorer**. Versez l'huile et, à fin du **préchauffage**, faites dorer le veau 3 min sur toutes les faces. Ajoutez les légumes hachés et faites revenir 2 min de plus. Versez le vin et faites-le réduire de moitié. Salez, poivrez, ajoutez les tomates, le concentré et le bouquet garni. Écrasez grossièrement les tomates dans la sauce avec une spatule.

2 Passez en **mode manuel** / **cuisson sous pression**. Programmez la minuterie à 40 min, **départ immédiat**. Fermez et verrouillez.

Parsemez de brins de romarin.

Jarret de veau
4 tranches avec l'os

Tomates pelées au jus
800 g (en boîte)

Oignons
2 (hachés)

Carottes
2 (pelées, hachées)

Céleri
1 branche (hachée)

... et aussi un peu de

+ Huile d'olive (4 c. à soupe)
+ Vin blanc (25 cl)
+ Concentré de tomates (1 c. à soupe)
+ Bouquet garni (1)

TAJINE DE VEAU
aux artichauts

15 min | 25 min

4 pers. | 421 cal par portion

1 Déposez les oignons et le veau dans un saladier. Salez et poivrez. Ajoutez l'huile et le ras el-hanout. Mélangez bien.

2 Insérez la cuve dans l'appareil, puis réglez-le sur le **mode manuel / cuisson sous pression**. Versez le contenu du saladier dans la cuve et 20 cl d'eau. Programmez la minuterie à 20 min, **départ immédiat**. Fermez et verrouillez.

3 À la fin de la cuisson, ouvrez l'appareil. Ajoutez les fonds d'artichauts, l'ail et la coriandre, puis prolongez la cuisson de 5 min.

Veau à mijoter
800 g (en gros cubes)

Fonds d'artichauts surgelés
8 (coupés en 4)

Oignons
3 (coupés en 4)

Ail
2 gousses (écrasées)

Coriandre ou persil
1/2 bouquet (haché)

... et aussi un peu de
+ Huile d'olive (3 c. à soupe)
+ Ras el-hanout (2 c. à soupe)

TAJINE DE POULET
et courgettes au citron

15 min

20 min

4 pers.

363 cal par portion

1 Mélangez le poulet, le citron et les oignons dans un saladier. Salez et poivrez. Ajoutez l'huile et les épices. Mélangez bien.

2 Insérez la cuve dans l'appareil, puis réglez-le sur le **mode manuel / cuisson sous pression**. Versez le contenu du saladier et 20 cl d'eau. Programmez la minuterie à 15 min, **départ immédiat**. Fermez et verrouillez.

3 À la fin de la cuisson, ouvrez l'appareil et ajoutez les courgettes. Faites cuire 5 min de plus.

Parsemez de coriandre si vous le souhaitez.

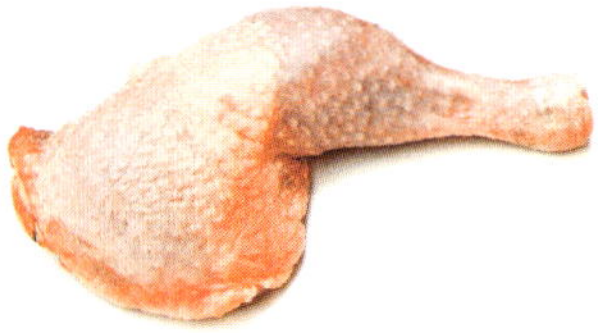

Poulet
4 cuisses

Courgettes
800 g (en rondelles)

Citron confit au sel
1 (coupé en 8)

Oignons
3 (coupés en 4)

Huile d'olive
3 c. à soupe

Ras el-hanout
2 c. à soupe rases

SANDWICHS LÉGERS
dinde, miel et moutarde

15 min

16 min

4 pers.

256 cal
par portion

Pain de seigle
8 tranches

Blancs de dinde
2 (coupés en 2)

Miel liquide
3 c. à soupe

Moutarde
2 c. à soupe

Pousses d'épinards
200 g

Huile d'olive
1 c. à soupe

1 Déposez un morceau de dinde sur un carré de papier sulfurisé de 30 cm de côté, puis recouvrez de miel et de moutarde. Massez-le pour l'en imprégner et assaisonnez. Recommencez pour former 3 autres papillotes. Fermez-les et mettez-les dans le panier vapeur. Vous pouvez les empiler.

2 Versez 50 cl d'eau dans la cuve. Insérez-la dans l'appareil. Réglez-le sur le **mode manuel / cuisson sous pression** et déposez le panier. Programmez la minuterie à 10 min, **départ immédiat**. Fermez et verrouillez.

3 Videz l'eau de la cuve et versez l'huile. Passez en **mode manuel / cuisson classique / dorer**. À la fin du **préchauffage**, faites griller la dinde 3 min par face.

4 Tranchez la dinde et répartissez-la sur 4 tranches de pain garnies de pousses d'épinards. Refermez.

WRAPS AU POULET ÉPICÉ,
sauce au fromage blanc

2 h

10 min

4 pers.

277 cal par portion

1 Mettez le poulet dans un saladier. Ajoutez 100 g de fromage blanc et le curry, assaisonnez, puis mélangez bien. Laissez mariner 2 h.

2 Insérez la cuve dans l'appareil et réglez-le sur le **mode manuel** / **cuisson classique** / **dorer**. Faites chauffer l'huile 3 min, puis faites revenir le poulet et sa marinade 7 min, en remuant régulièrement.

3 Garnissez chaque tortilla avec 1 c. à soupe de fromage blanc restant, des crudités et le poulet. Assaisonnez, puis repliez et roulez les tortillas. Servez-les coupées en 2.

Tortillas de maïs
4

Blancs de poulet
300 g (en lanières)

Fromage blanc
à 0 % de MG
200 g

Curry
1 c. à soupe

Crudités râpées
100 g

Huile de coco
désodorisée
1 c. à soupe

PAPILLOTES DE POULET,
aux pois gourmands

15 min

6 min

4 pers.

208 cal par portion

Blancs de poulet
4 (en lanières)

Pois gourmands
400 g

Cerfeuil
4 brins (hachés)

1 Répartissez les pois gourmands au centre de 4 carrés de papier sulfurisé de 30 cm de côté. Placez le poulet dessus. Salez et parsemez de cerfeuil. Refermez les papillotes et déposez-les dans le panier vapeur. Vous pouvez les superposer.

2 Versez 20 cl d'eau dans la cuve et insérez-la dans l'appareil. Réglez-le sur le **mode manuel / cuisson sous pression**. Déposez le panier. Programmez la minuterie à 6 min, **départ immédiat**. Fermez et verrouillez.

Décorez de quelques baies roses si vous le souhaitez.

PAPILLOTES DE POULET,
mascarpone et tomates

15 min | 7 min
4 pers. | 393 cal par portion

1 Sur chaque escalope, étalez le mascarpone et assaisonnez généreusement. Répartissez les tomates confites et le basilic. Roulez les escalopes et ficelez-les. Emballez-les dans du papier sulfurisé en formant des papillotes. Déposez-les dans le panier vapeur avec les tomates cerises. Vous pouvez les empiler.

2 Versez 50 cl d'eau dans la cuve et insérez-la dans l'appareil. Réglez-le sur le **mode manuel / cuisson sous pression**. Déposez le panier. Programmez la minuterie à 7 min, **départ immédiat**. Fermez et verrouillez.

3 Dégustez bien chaud avec 1 filet d'huile.

Escalopes de poulet
4

Mascarpone
120 g

Tomates confites
8 (coupées en 2)

Basilic
8 belles feuilles (ciselées)

Tomates cerises
4 branches

Huile d'olive
1 filet

PATATES DOUCES FARCIES
au poulet crémeux

15 min

10 min

4 pers.

342 cal par portion

1 Piquez les patates douces 3 fois à la fourchette. Emballez-les séparément dans du papier sulfurisé pour former 4 papillotes. Réalisez aussi 2 papillotes de poulet. Déposez-les dans le panier vapeur.

2 Versez 50 cl d'eau dans la cuve et insérez-la dans l'appareil. Réglez-le sur le **mode manuel / cuisson sous pression** et déposez le panier. Programmez la minuterie à 10 min, **départ immédiat**. Fermez et verrouillez.

3 Effilochez le poulet, puis mélangez-le avec le mascarpone, les cives et le cumin. Assaisonnez. Coupez les patates dans la longueur, prélevez un peu de chair et mélangez-la à la crème. Farcissez-en les patates.

Patates douces
4 petites

Blancs de poulet
300 g (coupés en 2)

Mascarpone
140 g

Cives
2 (émincées)

Cumin en poudre
1/2 c. à café

RISOTTO LÉGER

au poulet et aux courgettes

10 min

18 min

4 pers.

447 cal
par portion

1 Insérez la cuve dans l'appareil et réglez-le sur le **mode manuel** / **cuisson classique** / **dorer**. Versez l'huile et faites revenir les échalotes et le poulet 3 min sans attendre la fin du **préchauffage**. Ajoutez le riz et les courgettes, puis laissez cuire 7 min environ, jusqu'à ce que le riz devienne translucide. Versez 75 cl d'eau et le cube de bouillon émietté.

2 Passez en **mode manuel** / **cuisson sous pression**. Programmez la minuterie sur 8 min, **départ immédiat**. Fermez et verrouillez.

3 À la fin de la cuisson, ouvrez l'appareil et incorporez la ricotta.

Riz rond
300 g

Blancs de poulet
300 g (en petits dés)

Courgettes
300 g (en petits dés)

Échalotes
2 (émincées)

Ricotta
100 g

... et aussi un peu de

+ Huile d'olive (1 c. à soupe)
+ Bouillon de légumes (1 cube)

TABOULÉ DE CHOU-FLEUR
au poulet

20 min

10 min

4 pers.

279 cal par portion

1 Insérez la cuve dans l'appareil et réglez-le sur le **mode manuel** / **cuisson classique** / **dorer**. Faites chauffer 1 c. à soupe d'huile, puis faites dorer le poulet 5 min. Assaisonnez et réservez.

2 Déposez le chou-fleur dans la cuve non lavée, salez et couvrez d'eau. Passez en **mode manuel** / **cuisson sous pression**. Programmez la minuterie à 5 min, **départ immédiat**. Fermez et verrouillez.

3 Mettez la semoule dans un saladier avec le poulet, le maïs, les tomates, le concombre et le persil. Assaisonnez et arrosez du reste d'huile.

Chou-fleur
1 gros (râpé en semoule)

Blanc de poulet
200 g (en petits dés)

Maïs
1 petite boîte

Tomates cerises
20 (coupées en 2)

Concombre
1/2 (en cubes)

... et aussi un peu de
+ Huile d'olive (2 c. à soupe)
+ Persil haché (1 bouquet)

TAGLIATELLES DE COURGETTE, dinde et pesto léger

15 min

17 min

4 pers.

212 cal par portion

Courgettes
400 g

Blancs de dinde
400 g (en lanières)

Ail
3 gousses

Basilic
2 bouquets (effeuillés)

Huile d'olive
2 c. à soupe

1 Mixez l'ail, le basilic et 1 c. à soupe d'huile, puis ajustez la consistance avec un peu d'eau. Assaisonnez généreusement. Coupez les courgettes en tagliatelles avec un Économe.

2 Insérez la cuve dans l'appareil et réglez-le sur le **mode manuel / cuisson classique / dorer**. Versez l'huile restante et faites revenir la dinde 5 min. Ajoutez les courgettes et faites revenir 2 min de plus.

3 Passez en **mode manuel / cuisson classique / mijoter**. Laissez cuire encore 10 min.

4 Servez bien chaud avec le pesto.

ESCALOPES DE DINDE
et champignons à la crème

10 min

21 min

4 pers.

351 cal par portion

1 Insérez la cuve dans l'appareil et réglez-le sur le **mode manuel** / **cuisson classique** / **dorer**. Faites chauffer l'huile 2 min, puis faites griller les escalopes 4 min de chaque côté.

2 Ajouter les champignons entiers et laissez dorer 5 min.

3 Ajoutez la crème et éventuellement la muscade. Passez en **mode manuel** / **cuisson classique** / **mijoter** et laissez réduire 10 min. Servez parsemé de persil.

Escalopes de dinde
4

Champignons mélangés
800 g

Crème de soja
30 cl

Huile d'olive
1 c. à soupe

Muscade
1 pincée (facultatif)

Persil
1/2 bouquet (ciselé)

PENNE AU POULET
et aux légumes d'été

15 min

10 min

4 pers.

433 cal par portion

1 Insérez la cuve dans l'appareil et réglez-le sur le **mode manuel** / **cuisson classique** / **dorer**. Versez l'huile et faites revenir le poulet 2 min sans attendre la fin du **préchauffage**. Ajoutez les légumes, sauf les tomates, et poursuivez la cuisson 3 min.

2 Ajoutez les penne, les tomates et 10 cl d'eau. Passez en **mode manuel** / **cuisson sous pression**, programmez la minuterie à 5 min, **départ immédiat**. Fermez et verrouillez.

Parsemez de persil.

Penne complètes
320 g

Blancs de poulet
200 g (en lanières)

Poivrons rouges
2 (en lanières)

Courgette
1 grosse (en dés)

Aubergine
1 grosse (en dés)

... et aussi un peu de

+ Tomates concassées (200 g)
+ Huile d'olive (1 c. à soupe)

BLANQUETTE DE DINDE
au citron

5 min

25 min

4 pers.

358 cal par portion

1 Mettez la dinde et le bouquet garni dans la cuve. Salez, poivrez et versez 25 cl d'eau.

2 Insérez la cuve dans l'appareil, puis réglez-le sur le **mode manuel / cuisson sous pression**. Programmez la minuterie à 20 min, **départ immédiat**. Fermez et verrouillez.

3 Pendant ce temps, préparez la sauce. Délayez la fécule avec la crème et le zeste de citron.

4 À la fin de la cuisson, ouvrez l'appareil. Retirez le bouquet garni, ajoutez les légumes et la sauce. Mélangez bien et prolongez la cuisson de 5 min.

Sauté de dinde
800 g

Zeste de citron
1 c. à café

Jardinière de légumes surgelée
450 g

Bouquet garni
1

Fécule de maïs
2 c. à soupe rases

Crème liquide allégée
10 cl

ONE POT AU BOULGOUR, poulet, carottes et cumin

10 min

10 min

4 pers.

411 cal par portion

1 Insérez la cuve dans l'appareil et réglez-le sur le **mode manuel** / **cuisson classique** / **dorer**. Versez l'huile et faites revenir le poulet 2 min sans attendre la fin du **préchauffage**. Ajoutez les carottes et le cumin, et poursuivez la cuisson 3 min. Versez le boulgour, 40 cl d'eau et assaisonnez.

2 Passez en **mode manuel** / **cuisson sous pression**. Programmez la minuterie à 5 min, **départ immédiat**. Fermez et verrouillez.

3 Servez bien chaud avec des cranberries.

Si vous le souhaitez, parsemez de persil.

Boulgour
300 g

Blancs de poulet
300 g (en lanières)

Carottes
2 grosses (pelées, en petits dés)

Cumin en poudre
1/2 c. à café

Cranberries séchées
20 g

Huile d'olive
1 c. à soupe

SAUTÉ DE DINDE
aux pruneaux

10 min | 13 min
4 pers. | 415 cal par portion

1 Insérez la cuve dans l'appareil, puis réglez-le sur le **mode manuel** / **cuisson classique** / **dorer**. Versez l'huile et attendez la fin du **préchauffage**. Faites dorer la dinde avec les épices 3 min. Ajoutez tous les autres ingrédients, salez et poivrez.

2 Passez en **mode manuel** / **cuisson sous pression**. Programmez la minuterie à 10 min, **départ immédiat**. Fermez et verrouillez.

Sauté de dinde
700 g (en cubes)

Pruneaux moelleux
8

Carottes
600 g (pelées, en rondelles)

Oignons grelots surgelés
100 g

Huile de tournesol
2 c. à soupe

... et aussi un peu de
+ Quatre-épices (1 c. à café)
+ Jus d'orange (15 cl)

QUICHE SANS PÂTE
jambon et olives

10 min

25 min

4 pers.

272 cal par portion

1 Battez les œufs avec la crème et la farine. Assaisonnez généreusement. Ajoutez le jambon, les olives et l'oignon. Transvasez dans un moule en silicone (Ø 18 cm). Filmez et placez-le dans le panier vapeur.

2 Versez 50 cl d'eau dans la cuve et insérez-la dans l'appareil. Réglez l'appareil sur le **mode manuel / cuisson sous pression**. Déposez le panier et programmez la minuterie à 25 min, **départ immédiat**. Fermez et verrouillez.

Accompagnez cette quiche de mesclun.

Dés de jambon
150 g

Olives vertes
15

Œufs
3

Crème liquide allégée
20 cl

Farine
70 g

Oignon rouge
1 (émincé)

ENDIVES CARAMÉLISÉES
au jambon grillé

10 min | 17 min

4 pers. | 146 cal par portion

1 Insérez la cuve dans l'appareil et réglez-le sur le **mode manuel** / **cuisson classique** / **dorer**. Faites chauffer l'huile et déposez les endives bien tassées. Laissez griller 3 min. Retournez et ajoutez le jus d'orange et le sirop d'agave. Assaisonnez.

2 Passez en **mode manuel** / **cuisson classique** / **mijoter**. Faites cuire 10 min. Les endives doivent être bien fondantes et le jus caramélisé. Réservez.

3 Passez en **mode manuel** / **cuisson classique** / **dorer** et faites griller chaque tranche de jambon 1 min de chaque côté. Servez les endives avec le jambon, parsemées de zeste d'orange.

Endives
4 belles (coupées en 2 dans la longueur)

Jambon aux herbes
4 tranches épaisses

Orange bio
1 (le zeste et le jus)

Sirop d'agave
1 c. à café

Huile d'olive
1 c. à soupe

SAUMON AUX COURGETTES
et aux petits pois

10 min | 8 min
4 pers. | 361 cal par portion

1 Insérez la cuve dans l'appareil, puis réglez-le sur le **mode manuel** / **cuisson classique** / **dorer**. Faites revenir les courgettes et les oignons 2 min environ dans l'huile sans attendre la fin du **préchauffage**. Ajoutez les petits pois et déposez le saumon sur les légumes.

2 Passez en **mode manuel** / **cuisson sous pression**. Programmez la minuterie à 6 min, **départ immédiat**. Fermez et verrouillez.

3 À la fin de la cuisson, ouvrez l'appareil et ajoutez l'estragon.

Décorez de quelques baies roses.

Pavés de saumon
4 (150 g chacun)

Courgettes
2 petites (en dés)

Petits pois surgelés
200 g

Cives
2 (vert émincé)

Huile d'olive
2 c. à soupe

Estragon
2 brins (ciselés)

PAPILLOTES DE SAUMON

et poireaux

10 min

6 min

4 pers.

278 cal par portion

Pavés de saumon
4 (150 g chacun)

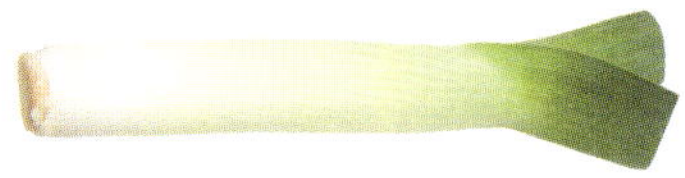

Blancs de poireaux
300 g (finement émincés)

Crème fraîche à 15 % de MG
4 c. à soupe

Baies roses

1 Déposez 75 g de poireau au centre d'un carré de papier sulfurisé de 30 cm de côté et placez 1 pavé de saumon dessus. Ajoutez 1 c. à soupe de crème, salez et parsemez de baies roses écrasées avec les doigts. Refermez la papillote. Recommencez 3 fois et déposez-les dans le panier vapeur. Vous pouvez les superposer.

2 Insérez la cuve dans l'appareil, puis réglez-le sur le **mode manuel / cuisson sous pression**. Versez 20 cl d'eau dans la cuve, puis déposez le panier. Programmez la minuterie à 6 min, **départ immédiat**. Fermez et verrouillez.

Parsemez de feuilles de cresson si vous le souhaitez.

WOK DE LÉGUMES
de printemps au saumon

15 min

10 min

4 pers.

375 cal
par portion

1 Insérez la cuve dans l'appareil et réglez-le sur le **mode manuel** / **cuisson classique** / **dorer**. Versez l'huile. À la fin du **préchauffage**, faites revenir le saumon et les oignons 5 min. Ajoutez les petits pois, les carottes, assaisonnez et prolongez la cuisson de 5 min en remuant régulièrement.

2 À la fin de la cuisson, ouvrez l'appareil. Ajoutez les épinards et faites-les tomber, machine éteinte. Servez chaud.

Pavés de saumon
4 (en dés)

Oignons nouveaux
4 (coupés en morceaux)

Mini-carottes
200 g (coupées en 2 bâtonnets)

Petits pois frais
200 g

Pousses d'épinards
600 g

Huile d'olive
1 c. à soupe

TABOULÉ TOUT VERT
au saumon et aux fèves

15 min | 5 min | 4 pers. | Réfrigération 1 h | 427 cal par portion

1 Dans la cuve, mettez la semoule, le saumon, les fèves et de l'eau à hauteur. Assaisonnez.

2 Insérez la cuve dans l'appareil. Réglez-le sur le **mode manuel / cuisson sous pression**. Programmez la minuterie à 5 min, **départ immédiat**. Fermez et verrouillez.

3 À la fin de la cuisson, ouvrez l'appareil, mélangez bien, versez l'huile et laissez refroidir au moins 1 h.

4 Servez frais, mélangé aux herbes et arrosé de jus de citron.

Semoule
300 g

Pavé de saumon
200 g (en dés de 1 cm)

Fèves
100 g (écossées)

Persil
1 bouquet (ciselé)

Menthe
20 feuilles (ciselées)

... et aussi un peu de
+ Huile d'olive (2 c. à soupe)
+ Citron (le jus de 1)

PAPILLOTES DE CABILLAUD
aux épinards

10 min

6 min

4 pers.

172 cal par portion

1 Déposez 1 poignée d'épinards au centre d'un carré de papier sulfurisé de 30 cm de côté et placez 1 pavé de cabillaud dessus. Salez et arrosez de quelques gouttes de jus de citron. Refermez la papillote. Recommencez 3 trois. Déposez-les dans le panier vapeur.

2 Insérez la cuve dans l'appareil, puis réglez-le sur le **mode manuel / cuisson sous pression**. Versez 20 cl d'eau dans la cuve, puis déposez le panier. Programmez la minuterie à 6 min, **départ immédiat**. Fermez et verrouillez.

Pavés de cabillaud
4 (150 g chacun)

Pousses d'épinards
4 poignées

Citron
1 (le jus)

MAQUEREAUX VAPEUR
à la chinoise

10 min

6 min

4 pers.

345 cal par portion

1 Rincez et essuyez les maquereaux, puis coupez-les en 2 ou 3 tronçons. Déposez-les en dôme sur une assiette creuse placée dans le panier vapeur. Arrosez de sauce soja et d'huile. Parsemez de gingembre et de cive. Poivrez.

2 Insérez la cuve dans l'appareil, puis réglez-le sur le **mode manuel / cuisson sous pression**. Versez 20 cl d'eau dans la cuve, puis déposez le panier. Programmez la minuterie à 6 min, **départ immédiat**. Fermez et verrouillez.

Cette recette est aussi délicieuse avec du mulet, un poisson bon marché et méconnu.

Maquereaux
4 (vidés et étêtés, 150 g chacun)

Gingembre frais
3 cm (en fines lamelles)

Cives
2 (vert émincé)

Sauce soja
6 c. à soupe

Huile de sésame
1 c. à soupe

KEDGEREE

10 min

11 min

4 pers.

394 cal par portion

1 Insérez la cuve dans l'appareil, puis réglez-le sur le **mode manuel** / **cuisson classique** / **dorer**. Versez l'huile, attendez la fin du **préchauffage**, puis faites dorer l'oignon 3 min avec le riz et le curry. Ajoutez le haddock et 35 cl d'eau.

2 Passez en **mode manuel** / **cuisson sous pression**. Programmez la minuterie à 8 min, **départ immédiat**. Fermez et verrouillez.

3 À la fin de la cuisson, passez en mode maintien au chaud quelques minutes pour que le riz finisse de gonfler. Ouvrez l'appareil, poivrez, parsemez de persil et servez avec les œufs durs.

Haddock
400 g (sans la peau, en petits dés)

Riz basmati
200 g

Oignon
1 (haché)

Curry
1 c. à soupe

Œufs durs
2 (en quartiers)

… et aussi un peu de

+ Huile de tournesol (3 c. à soupe)
+ Persil haché (2 c. à soupe)

HADDOCK
aux poireaux

10 min | 6 min
4 pers. | 220 cal par portion

1 Coupez chaque poireau en 4 tronçons. Délayez la fécule avec la crème, puis 4 c. à soupe d'eau et versez dans la cuve. Ajoutez les poireaux et déposez le haddock dessus. Poivrez.

2 Insérez la cuve dans l'appareil, puis réglez-le sur le **mode manuel / cuisson sous pression**. Programmez la minuterie sur 6 min, **départ immédiat**. Fermez et verrouillez.

Haddock
4 morceaux
(150 g chacun)

Blancs de poireaux
2 gros

Fécule de maïs
1 c. à café

Crème liquide
à 15 % de MG
10 cl

TATAKI DE THON
et brocoli au sésame

10 min

16 min

4 pers.

168 cal
par portion

1 Insérez la cuve dans l'appareil et réglez-le sur le **mode manuel** / **cuisson classique** / **dorer**. Versez l'huile et laissez **préchauffer**. Faites revenir les choux avec le sésame 5 min, puis ajoutez 10 cl d'eau et la sauce soja.

2 Passez en **mode manuel** / **cuisson classique** / **mijoter**. Faites cuire 10 min. Réservez.

3 Sans laver la cuve, passez en **mode manuel** / **cuisson classique** / **dorer** et faites griller le thon 30 s par face. Servez le thon en tranches avec les choux au sésame.

Steaks de thon
2

Brocoli, chou-fleur, romanesco
500 g (en fleurettes)

Sauce soja sucrée
1 c. à soupe

Graines de sésame
1 c. à soupe

Huile de sésame
1 c. à soupe

SPAGHETTIS AU THON
et aux olives

5 min

9 min

4 pers.

322 cal
par portion

1 Insérez la cuve dans l'appareil, réglez-le sur le **mode manuel / cuisson sous pression**. Mettez les spaghettis coupés en 2, le cube de bouillon émietté et 60 cl d'eau dans la cuve. Programmez la minuterie à 4 min, **départ immédiat**. Fermez et verrouillez.

2 À la fin de la cuisson, ouvrez l'appareil. Ajoutez le thon, les olives, le fromage et les épinards. Refermez l'appareil et passez en **maintien au chaud** pour 5 min. Poivrez au dernier moment.

Spaghettis complets
200 g

Thon entier à l'huile
1 boîte (160 g)

Olives mélangées
100 g

Fromage frais Philadelphia®
4 c. à soupe

Pousses d'épinards
1 poignée

Bouillon de légumes
1 cube

PAPILLOTES DE LIEU
aux artichauts

10 min | 6 min | 4 pers. | 173 cal par portion

1 Sur un carré de papier sulfurisé de 30 cm de côté, déposez 3 cœurs d'artichauts, puis 1 pavé de lieu dessus. Tartinez de pesto et fermez la papillote. Recommencez 3 fois. Déposez-les dans le panier vapeur.

2 Insérez la cuve dans l'appareil. Réglez-le sur le **mode manuel / cuisson sous pression**. Versez 20 cl d'eau dans la cuve, puis déposez le panier. Programmez la minuterie à 6 min, **départ immédiat**. Fermez et verrouillez.

Pavés de lieu
4 (150 g chacun)

Cœurs d'artichauts en bocal
12 (en quartiers)

Pesto de tomates séchées
4 c. à soupe

PAPILLOTES DE DAURADE,
fenouil et clémentine

10 min

5 min

4 pers.

339 cal
par portion

Filets de daurade
4 (200 g chacun)

Fenouil
1 (finement émincé)

Clémentines
8

Huile d'olive
4 c. à soupe

1 Mélangez le fenouil, l'huile et le jus de 4 clémentines, puis salez. Déposez un quart du fenouil au centre d'un carré de papier sulfurisé de 30 cm de côté. Placez 1 filet de daurade dessus avec quelques suprêmes de 1 clémentine. Arrosez du jus restant. Refermez la papillote et déposez-la dans le panier vapeur. Recommencez 3 fois. Vous pouvez empiler les papillotes.

2 Insérez la cuve dans l'appareil, réglez-le sur le **mode manuel / cuisson sous pression**. Versez 20 cl d'eau dans la cuve, puis déposez le panier. Programmez la minuterie sur 5 min, **départ immédiat**. Fermez et verrouillez.

BLANQUETTE DE POISSONS

et légumes

15 min

18 min

4 pers.

299 cal par portion

1 Mettez le poisson et les légumes dans le panier vapeur.

2 Versez 10 cl d'eau dans la cuve et insérez-la dans l'appareil. Réglez-le sur le **mode manuel / cuisson sous pression**. Programmez la minuterie à 8 min, **départ immédiat**. Fermez et verrouillez.

3 Ajoutez la crème mélangée à la fécule, mélangez et passez en **mode manuel / cuisson classique / mijoter**. Faites cuire 10 min en remuant régulièrement. Servez parsemé de persil.

Poissons mélangés surgelés pour wok
500 g

Champignons de Paris
400 g (coupés en 2)

Carottes
2 grosses (pelées, en tronçons)

Courgettes
2 (en tronçons)

Persil
1/2 bouquet (ciselé)

... et aussi un peu de

+ Crème liquide (30 cl)
+ Fécule de maïs (1 c. à soupe)

COLIN ET POIS GOURMANDS,

sauce citronnée

10 min

3 min

4 pers.

202 cal
par portion

1 Déposez les filets de colin dans le panier vapeur, empilés les uns sur les autres et séparés par du papier sulfurisé. Ajoutez les pois et assaisonnez.

2 Dans la cuve, versez 50 cl d'eau et insérez le panier. Réglez-le sur le **mode manuel / cuisson sous pression**. Déposez le panier. Programmez la minuterie à 3 min, **départ immédiat**. Fermez et verrouillez.

3 Mélangez la faisselle, la ciboulette et le jus de citron, puis assaisonnez. Servez le colin avec la sauce et les pois arrosés d'huile.

Filets de colin
4

Pois gourmands
600 g

Citron
1 (le jus)

Faisselle
1 petite

Ciboulette
20 brins

Huile d'olive
2 c. à café

SOLE AUX HERBES,
noisettes et jambon

15 min | 10 min | 4 pers. | 286 cal par portion

1 Mélangez le jambon avec les noisettes. Dans le panier vapeur, empilez les soles séparées par du papier sulfurisé.

2 Insérez la cuve dans l'appareil et réglez-le sur le **mode manuel / cuisson classique / dorer**. Sans préchauffer, laissez dorer le jambon et les noisettes 5 min. Réservez.

3 Dans la cuve non rincée, versez 50 cl d'eau et placez le panier. Passez en **mode manuel / cuisson sous pression**. Programmez la minuterie à 5 min, **départ immédiat**. Fermez et verrouillez.

4 Mélangez le persil, la roquette, le jus de citron et l'huile. Servez avec la sole parsemée du mélange noisettes-jambon.

Soles
4 filets levés

Noisettes hachées
3 c. à soupe

Jambon
2 tranches (hachées)

Persil
1 bouquet (ciselé)

Roquette
300 g (hachée)

… et aussi un peu de
+ Citron (le jus de 1)
+ Huile de noisette (1 c. à soupe)

POÊLÉE DE SAINT-JACQUES
aux poivrons

10 min

20 min

4 pers.

221 cal
par portion

1 Insérez la cuve dans l'appareil et réglez-le sur le **mode manuel / cuisson classique / dorer**. Versez la moitié de l'huile et laissez préchauffer. Faites revenir les oignons 2 min, puis ajoutez les poivrons et poursuivez la cuisson 3 min.

2 Ajoutez le piment et les tomates. Passez en **mode manuel / cuisson classique / mijoter** et laissez cuire 10 min. Réservez.

3 Passez en **mode manuel / cuisson classique / dorer** et, sans laver la cuve, faites griller les saint-jacques 5 min dans le reste d'huile. Servez avec les poivrons.

Saint-jacques
400 g

Poivrons
3 (en lanières)

Oignons rouges
2 (émincés)

Piment d'Espelette
1 c. à café

Tomates concassées
200 g (en boîte)

Huile d'olive
2 c. à soupe

MOULES au curry

10 min | 20 min

4 pers. | 319 cal par portion

1 Insérez la cuve dans l'appareil et réglez-le sur le **mode manuel** / **cuisson classique** / **dorer**. Versez l'huile et laissez préchauffer. Faites dorer les oignons 5 min, puis déglacez avec le bouillon. Ajoutez les moules.

2 Passez en **mode manuel** / **cuisson sous pression**. Programmez la minuterie à 10 min, **départ immédiat**. Fermez et verrouillez.

3 Passez en **mode manuel** / **cuisson classique** / **mijoter**. Versez la crème et le curry, mélangez. Laissez mijoter 5 min. Servez avec la coriandre.

Moules rincées
1 kg

Curry
1 c. à café

Oignons rouges
2 (hachés)

Crème liquide allégée
20 cl

Coriandre
1/2 bouquet (ciselé)

... et aussi un peu de
+ Huile d'olive (1 c. à soupe)
+ Bouillon de légumes (30 cl)

RIZ AUX FRUITS
de mer

10 min

12 min

4 pers.

307 cal par portion

1 Insérez la cuve dans l'appareil, puis réglez-le sur le **mode manuel / cuisson classique / dorer**. Versez l'huile et attendez la fin du **préchauffage**. Faites dorer l'oignon et l'ail 2 min. Ajoutez la tomate, le riz, les fruits de mer, les épices et 50 cl d'eau. Salez et poivrez.

2 Passez en **mode manuel / cuisson sous pression**. Programmez la minuterie sur 10 min, **départ immédiat**. Fermez et verrouillez. Si le riz manque de cuisson, éteignez l'appareil et refermez le couvercle pour quelques minutes.

Riz à paella
200 g

Fruits de mer surgelés
400 g

Tomate
1 (bien mûre, en dés)

Oignon
1 (haché)

... et aussi un peu de
+ Huile d'olive (1 c. à soupe)
+ Épices à paella (1 c. à soupe)

Ail
2 gousses (hachées)

CURRY DE CREVETTES
aux légumes

10 min | 10 min

4 pers. | 318 cal par portion

1 Insérez la cuve dans l'appareil et réglez-le sur le **mode manuel / cuisson classique / dorer**. Versez l'huile et laissez préchauffer. Faites revenir les crevettes, les champignons et les tomates 5 min.

2 Versez le lait de coco et la pâte de curry. Passez en **mode manuel / cuisson sous pression**. Programmez la minuterie à 5 min, départ immédiat. Fermez et verrouillez.

3 À la fin de la cuisson, ouvrez l'appareil et servez avec la coriandre.

Crevettes décortiquées
400 g

Pâte de curry rouge
1 c. à café

Champignons de Paris
400 g (coupés en 2)

Tomates cerises
400 g (coupées en 2)

Coriandre
1 bouquet (ciselé)

... et aussi un peu de

+ Huile de coco (1 c. à soupe)
+ Lait de coco (30 cl)

CURRY
d'aubergines

5 min

9 min

4 pers.

124 cal
par portion

Oignons
2 (hachés)

Curry
1 c. à soupe

Aubergines
2 (en dés)

Yaourts nature
2

Huile d'olive
1 c. à soupe

1 Insérez la cuve dans l'appareil et réglez-le sur le **mode manuel / cuisson classique / dorer**. Versez l'huile, laissez préchauffer. Faites dorer l'oignon 2 min avec le curry avant d'ajouter les aubergines. Salez et poivrez. Faites cuire encore 2 min. Versez les yaourts et mélangez bien.

3 Passez en **mode manuel / cuisson sous pression**. Programmez la minuterie sur 5 min, **départ immédiat**. Fermez et verrouillez.

Parsemez de persil avant de servir.

SAUTÉ D'ASPERGES
aux deux champignons

15 min — 12 min

4 pers. — **70 cal** par portion

1 Placez les asperges dans le panier vapeur et salez légèrement.

2 Versez 20 cl d'eau dans la cuve et déposez-y le panier. Insérez la cuve dans l'appareil et réglez-le sur le **mode manuel / cuisson sous pression**. Programmez la minuterie sur 2 min, **départ immédiat**. Fermez et verrouillez. Réservez les asperges, qui doivent encore être fermes.

3 Passez en **mode manuel / cuisson classique / dorer**. Laissez préchauffer. Faites fondre le beurre. Ajoutez l'oignon et les champignons, salez, poivrez et laissez dorer 5 min. Rajoutez les asperges et faites cuire encore 5 min. Servez bien chaud.

Asperges vertes
1 botte (pelées)

Shiitakés
100 g

Champignons de Paris
100 g (en morceaux)

Oignon
1 (émincé)

Beurre
10 g

POÊLÉE DE POIS GOURMANDS
au fromage de chèvre

8 min | 10 min

4 pers. | 312 cal par portion

1 Insérez la cuve dans l'appareil et réglez-le sur le **mode manuel / cuisson classique / dorer**. Versez l'huile et laissez préchauffer. Faites blondir les pois, l'oignon, l'ail, les courgettes et le laurier 5 min. Ajoutez le vinaigre.

2 Passez en **mode manuel / cuisson sous pression**. Programmez la minuterie sur 5 min, **départ immédiat**. Fermez et verrouillez.

3 Au moment de servir, parsemez de fromage.

Pois gourmands
300 g

Fromage de chèvre
200 g (en petits dés)

Oignon rouge
1 (émincé)

Ail
2 gousses (émincées)

Courgettes
2 (en rondelles)

... et aussi un peu de

+ Huile d'olive (3 c. à soupe)
+ Laurier (1 feuille)
+ Vinaigre de cidre (2 c. à soupe)

PAPILLOTES DE PATATES douces et carottes

15 min

8 min

4 pers.

146 cal
par portion

1 Au centre de 4 carrés de papier sulfurisé de 30 cm de côté, répartissez l'orange et les légumes. Salez, poivrez et parsemez de coriandre. Refermez les papillotes et placez-les dans le panier vapeur. Vous pouvez les superposer.

2 Insérez la cuve dans l'appareil, réglez-le sur le **mode manuel / cuisson sous pression**. Versez 20 cl d'eau dans la cuve et déposez le panier. Programmez la minuterie sur 8 min, **départ immédiat**. Fermez et verrouillez.

Patates douces
400 g (pelées, en dés)

Carottes
3 (pelées, en dés)

Orange
1 (en fines tranches)

Oignon
1 (émincé)

Coriandre
1 petit bouquet (ciselé)

POIS CHICHES
et chou-fleur au cumin

10 min
15 min
4 pers.
323 cal par portion

1 Insérez la cuve dans l'appareil, puis réglez-le sur le **mode manuel / cuisson classique / dorer**. Faites revenir l'ail avec les graines de cumin 3 min environ dans 2 c. à soupe d'huile sans attendre la fin du **pré-chauffage**. Ajoutez les pois chiches, le chou-fleur, la tomate et 10 cl d'eau. Salez et poivrez.

2 Passez en **mode manuel / cuisson sous pression**. Programmez la minuterie sur 12 min, **départ immédiat**. Fermez et verrouillez.

3 Servez tiède ou froid avec le yaourt et 1 filet d'huile.

Pois chiches
400 g (en boîte)

Chou-fleur
1/2 (en fleurettes)

Graines de cumin
1/2 c. à café

Tomate
1 (en dés)

... et aussi un peu de
+ Huile d'olive (3 c. à soupe)
+ Yaourt grec (1)

Ail
4 gousses (hachées)

AUBERGINES FARCIES
aux légumes

10 min | 17 min

4 pers. | 130 cal par portion

1 Coupez les aubergines en 2 dans la longueur et creusez l'intérieur. Hachez la chair et mélangez-la au poivron, à 1 oignon et à 2 tomates.

2 Insérez la cuve dans l'appareil et réglez-le sur le **mode manuel / cuisson classique / dorer**. Versez l'huile, laissez préchauffer. Faites dorer le mélange de légumes 4 min. Salez, poivrez et parsemez d'herbes de Provence. Remplissez les aubergines creusées de ce mélange.

3 Passez en **mode manuel / cuisson classique / dorer**. Versez le reste d'huile, laissez préchauffer. Ajoutez les tomates et l'oignon restants, puis faites dorer 3 min. Posez les aubergines par-dessus, parsemez de parmesan.

4 Passez en **mode manuel / cuisson sous pression**. Programmez la minuterie sur 10 min, **départ immédiat**. Fermez et verrouillez.

Aubergines
2 grosses

Poivron rouge
1 (en dés)

Oignons
2 (émincés)

Tomates
5 (en dés)

... et aussi un peu de
+ Herbes de Provence
+ Huile d'olive (1 c. à soupe)

Parmesan râpé
50 g

RATATOUILLE

10 min

10 min

4 pers.

111 cal par portion

1 Insérez la cuve dans l'appareil et réglez-le sur le **mode manuel** / **cuisson classique** / **dorer**. Versez l'huile et attendez la fin du **pré-chauffage**. Faites dorer les oignons 2 min. Ajoutez les légumes (sauf les tomates) et les herbes. Poursuivez la cuisson 2 min. Salez et poivrez. Ajoutez les tomates et mélangez bien.

2 Passez en **mode manuel** / **cuisson sous pression**. Programmez la minuterie sur 6 min **départ immédiat**. Fermez et verrouillez.

Courgettes
2 (en cubes)

Poivron rouge
1 (en cubes)

Aubergine
1 (en cubes)

Tomates
5 (en cubes)

Oignons
2 (émincés)

... et aussi un peu de

+ Herbes de Provence
+ Huile d'olive (1 c. à soupe)

TERRINE DE COURGETTES
à la menthe

10 min | 25 min | 4 pers. | 274 cal par portion

1 Insérez la cuve dans l'appareil et réglez-le sur le **mode manuel / cuisson classique / dorer**. Versez l'huile et attendez la fin du **préchauffage**. Ajoutez les courgettes et les oignons, salez, poivrez et laissez dorer 5 min.

2 Écrasez les courgettes et les oignons. Incorporez la crème, les œufs, la farine et la menthe, rectifiez l'assaisonnement et mélangez. Versez dans des ramequins, puis placez-les dans le panier vapeur. Versez 20 cl d'eau dans la cuve et déposez le panier.

3 Passez en **mode manuel / cuisson sous pression**. Programmez la minuterie sur 20 min, **départ immédiat**. Fermez et verrouillez.

4 Servez tiède ou froid, parsemé de menthe.

Courgettes
3 (en dés)

Menthe
1 petit bouquet (ciselé)

Oignons
2 (émincés)

Crème fraîche à 15 % de MG
20 cl

Œufs
4

... et aussi un peu de
+ Huile d'olive (1 c. à soupe)
+ Farine (50 g)

TIAN PROVENÇAL
à la mozzarella

10 min

4 pers.

217 cal
par portion

1 Dans le panier vapeur, disposez les légumes et la mozzarella en les alternant et en serrant bien. Parsemez d'herbes, salez, poivrez et arrosez d'huile.

2 Insérez la cuve dans l'appareil, réglez-le en **mode manuel / cuisson sous pression**. Versez 20 cl d'eau dans la cuve, déposez le panier. Programmez la minuterie sur 10 min, **départ immédiat**. Fermez et verrouillez.

Servez avec du riz que vous ferez cuire en même temps dans la cuve.

Courgette
1 (en fines rondelles)

Aubergine
1 (en fines rondelles)

Tomates
3 (en fines rondelles)

Mozzarella
2 boules (en fines tranches)

Herbes de Provence
1 c. à soupe

Huile d'olive
1 c. à soupe

PURÉE DE POMMES DE TERRE

et courgettes au chèvre

10 min

15 min

4 pers.

210 cal par portion

1 Placez les pommes de terre et les courgettes dans le panier vapeur. Salez et poivrez.

2 Versez 20 cl d'eau dans la cuve et insérez-la dans l'appareil. Réglez-le sur le **mode manuel / cuisson sous pression**. Déposez le panier. Programmez la minuterie sur 15 min, **départ immédiat**. Fermez et verrouillez.

3 Transvasez dans un plat. Ajoutez le chèvre en morceaux et la crème. Salez, poivrez, mélangez bien et réduisez en purée à la fourchette.

Pommes de terre
700 g (pelées, en dés)

Courgettes
2 (en dés)

Chèvre frais
100 g

Crème fraîche
à 15 % de MG
2 c. à soupe

PURÉE de haricots rouges

5 min

30 min

4 pers.

Trempage 12 h

288 cal par portion

1 La veille, faites tremper les haricots dans de l'eau.

2 Le jour même, mettez tous les ingrédients dans la cuve, sauf la coriandre et l'huile.

3 Insérez la cuve dans l'appareil et réglez-le sur le **mode manuel / cuisson sous pression**. Programmez la minuterie sur 30 min, **départ immédiat**. Fermez et verrouillez.

4 À la fin de la cuisson, ouvrez l'appareil et écrasez grossièrement en purée. Au moment de servir, poivrez et ajoutez 1 filet d'huile et la coriandre.

Haricots rouges
300 g

Ail
2 gousses (émincées)

Oignon
1 (émincé)

Bouillon de légumes
70 cl

Coriandre
1 bouquet (ciselé)

Huile d'olive
1 filet

PURÉE DE POIS CASSÉS
à la menthe

5 min | 20 min
4 pers. | 293 cal par portion

1 Mettez tous les ingrédients dans la cuve, sauf l'huile et quelques feuilles de menthe à réserver.

2 Insérez la cuve dans l'appareil et réglez-le sur le **mode manuel / cuisson sous pression**. Programmez la minuterie sur 20 min, **départ immédiat**. Fermez et verrouillez.

3 Mixez à l'aide d'un mixeur plongeant, directement dans la cuve, jusqu'à obtenir la consistance souhaitée. Ajoutez un peu d'eau si nécessaire. Au moment de servir, poivrez, ajoutez 1 filet d'huile et la menthe réservée.

Pois cassés
300 g

Menthe
1 petit bouquet (effeuillé)

Ail
2 gousses

Bouillon de légumes
70 cl

Huile d'olive
1 filet

MIJOTÉ DE TOFU FUMÉ
au fenouil

8 min | 8 min

4 pers. | 208 cal par portion

1 Insérez la cuve dans l'appareil et réglez-le sur le **mode manuel** / **cuisson classique** / **dorer**. Versez l'huile et laissez préchauffer. Faites blondir les fenouils 3 min, puis ajoutez le tofu, le zeste de citron, les tomates confites et le gingembre. Mélangez. Versez 2 c. à soupe d'eau.

2 Passez en **mode manuel** / **cuisson sous pression**. Programmez la minuterie sur 5 min, **départ immédiat**. Fermez et verrouillez.

3 Au moment de servir, parsemez d'olives.

Tofu fumé
200 g (en dés)

Fenouils
2 (émincés)

Tomates confites à l'huile
100 g (égouttées)

Gingembre frais
1 petit morceau (râpé)

... et aussi un peu de
+ Huile d'olive (2 c. à soupe)
+ Citron (le zeste de 1/2)

Olives noires
1 belle poignée

POÊLÉE DE SARRASIN, blettes et champignons

10 min

8 min

4 pers.

308 cal par portion

Sarrasin
200 g

Blettes
1 petite botte

Champignons de Paris
100 g (émincés)

Raisins secs
1 poignée

Huile d'olive
2 c. à soupe

Bouillon de légumes
60 cl

1 Émincez finement les tiges des blettes et hachez grossièrement le vert.

2 Insérez la cuve dans l'appareil et réglez-le sur le **mode manuel** / **cuisson classique** / **dorer**. Versez l'huile et laissez préchauffer. Faites blondir les tiges des blettes 3 min. Ajoutez le reste des ingrédients. Mélangez bien.

3 Passez en **mode manuel** / **cuisson sous pression**. Divisez par 2 le temps de cuisson indiqué sur le paquet de sarrasin, soit environ 5 min. Programmez la minuterie, **départ immédiat**. Fermez et verrouillez.

Vous pouvez ajouter un trait de sauce soja et parsemer le plat de graines de sésame et de courge.

QUINOA PARFUMÉ
à la thaïe

10 min

13 min

4 pers.

310 cal par portion

1 Insérez la cuve dans l'appareil et réglez-le sur le **mode manuel / cuisson classique / dorer**. Versez l'huile et laissez préchauffer. Faites revenir l'oignon et la citronnelle 4 min avec les épices (coriandre, cumin et gingembre) et les zestes. Rincez abondamment le quinoa, puis ajoutez-le. Mélangez et laissez dorer 1 à 2 min, puis versez 35 cl d'eau.

2 Passez en **mode manuel / cuisson sous pression**. Divisez par 2 le temps de cuisson indiqué sur le paquet de quinoa, soit 5 à 7 min. Programmez la minuterie, **départ immédiat**. Fermez et verrouillez.

Au moment de servir, parsemez de coriandre et proposez des quartiers de citron vert.

Quinoa
250 g

Oignon
1 (émincé)

Citronnelle
1 brin (émincé)

Gingembre frais
1 morceau (râpé)

Citrons verts
2 (les zestes)

... et aussi un peu de

+ Huile d'olive (2 c. à soupe)
+ Graines de coriandre (1 c. à café)
+ Graines de cumin (1 c. à café)

QUINOA ROSE AU POIREAU
et aux herbes

10 min | 10 min
4 pers. | 378 cal par portion

1 Insérez la cuve dans l'appareil et réglez-le sur le **mode manuel** / **cuisson classique** / **dorer**. Versez l'huile d'olive et laissez préchauffer. Faites revenir le poireau 3 min. Rincez le quinoa abondamment, puis ajoutez-le avec la betterave et le bouillon. Mélangez bien.

2 Passez en **mode manuel** / **cuisson sous pression**. Divisez par 2 le temps de cuisson indiqué sur le paquet de quinoa, soit 5 à 7 min. Programmez la minuterie, **départ immédiat**. Fermez et verrouillez.

3 Au moment de servir, parsemez d'herbes et arrosez d'huile de sésame.

Quinoa
250 g

1 poireau
1 (finement émincé)

Betterave rouge
1 petite (râpée)

Huile d'olive
2 c. à soupe

Bouillon de légumes
35 cl

... et aussi un peu de
+ Aneth, ciboulette et menthe ciselés
+ Huile de sésame (1 c. à soupe)

LENTILLES CORAIL
et choux de Bruxelles

10 min | 12 min | 4 pers. | 336 cal par portion

1 Insérez la cuve dans l'appareil et réglez-le sur le **mode manuel** / **cuisson classique** / **dorer**. Versez l'huile et laissez préchauffer. Faites blondir l'oignon 4 min avec les choux. Ajoutez les lentilles, les épices, 60 cl d'eau et la sauce soja. Mélangez.

2 Passez en **mode manuel** / **cuisson sous pression**. Divisez par 2 le temps de cuisson indiqué sur le paquet de lentilles, soit 6 à 8 min. Programmez la minuterie, **départ immédiat**. Fermez et verrouillez.

3 Au moment de servir, rectifiez l'assaisonnement avec de la sauce soja et du poivre.

Vous pouvez parsemer ce plat de coriandre ciselée.

Lentilles corail
250 g

Choux de Bruxelles
200 g (coupés en 2)

Oignon
1 (émincé)

Curry
1 c. à soupe

Curcuma
1 c. à café

... et aussi un peu de
+ Huile d'olive (3 c. à soupe)
+ Sauce soja (2 c. à soupe)

CURRY DE LENTILLES

et patates douces

10 min | 15 min

4 pers. | 336 cal par portion

1 Insérez la cuve dans l'appareil, puis réglez-le sur le **mode manuel / cuisson classique / dorer**. Versez l'huile et laissez préchauffer. Faites revenir les oignons avec les patates douces et l'ail 3 min environ, puis ajoutez le reste des ingrédients et 15 cl d'eau. Salez et poivrez.

2 Passez en **mode manuel / cuisson sous pression**. Programmez la minuterie sur 12 min, **départ immédiat**. Fermez et verrouillez.

Lentilles corail
100 g

Patates douces
500 g (pelées, en dés)

Pâte de curry rouge
1 c. à soupe

Épinards surgelés
200 g

Oignons
2 (hachés)

... et aussi un peu de

+ Ail (2 gousses hachées)
+ Huile d'olive (2 c. à soupe)
+ Crème liquide à 15 % de MG (10 cl)

ÉPEAUTRE ET BETTERAVE
façon risotto

10 min

Variable

4 pers.

344 cal par portion

1 Coupez la betterave en morceaux et mixez-la avec 70 cl d'eau.

2 Insérez la cuve dans l'appareil, puis réglez-le sur le **mode manuel / cuisson classique / dorer**. Versez l'huile et laissez préchauffer. Faites blondir les échalotes 2 min, puis ajoutez l'épeautre, la betterave et le cube de bouillon émietté.

3 Passez en **mode manuel / cuisson sous pression**. Divisez par 2 le temps de cuisson indiqué sur le paquet d'épeautre. Programmez la minuterie, **départ immédiat**. Fermez et verrouillez.

4 Rectifiez l'assaisonnement. Répartissez la mozzarella sur le dessus et servez.

Décorez avec des brins de romarin si vous le souhaitez.

Épeautre
200 g

Betterave
1 (crue ou cuite)

Échalotes
2 (hachées)

Huile d'olive
1 c. à soupe

Bouillon de légumes
1 cube

Mozzarella
12 billes

PÂTES À LA TOMATE
et au basilic

5 min

5 min

4 pers.

288 cal par portion

Pâtes
200 g

Tomates cerises
250 g

Basilic
1/2 bouquet (effeuillé)

Huile d'olive
3 c. à soupe

Ail
2 gousses (émincées)

Bouillon de légumes
1/2 cube

1 Insérez la cuve dans l'appareil, puis réglez-le sur le **mode manuel / cuisson classique / dorer**. Versez l'huile et laissez préchauffer. Faites blondir l'ail 1 min en remuant. Ajoutez les tomates, les pâtes, 60 cl d'eau et le cube de bouillon émietté.

2 Passez en **mode manuel / cuisson sous pression**. Programmez la minuterie à 4 min, **départ immédiat**. Fermez et verrouillez.

3 Ouvrez l'appareil et parsemez de basilic. Éteignez l'appareil et refermez-le quelques minutes pour que les pâtes finissent d'absorber le bouillon.

PETITES CRÈMES
à la confiture de lait

10 min

8 min

4 pers.

Réfrigération
4 h

219 cal
par portion

1 Fouettez la fécule avec le lait. Ajoutez la confiture et la crème. Versez dans des ramequins. Filmez et mettez dans le panier vapeur.

2 Insérez la cuve dans l'appareil, réglez-le sur le **mode manuel / cuisson sous pression**. Versez 20 cl d'eau dans la cuve, puis déposez le panier. Programmez la minuterie à 8 min, **départ immédiat**. Fermez et verrouillez.

3 Laissez refroidir, puis mettez au moins 4 h au frais. Servez parsemé de noisettes.

Confiture de lait
4 c. à soupe

Fécule de maïs
1 ½ c. à soupe

Lait
15 cl

Crème liquide entière
15 cl

Noisettes
2 c. à soupe (grillées)

CRÈMES DESSERT potimarron-vanille

15 min

12 min

4 pers.

Réfrigération

3 h

113 cal par portion

1 Versez 20 cl d'eau dans la cuve et placez-y le panier vapeur avec le potimarron. Insérez la cuve dans l'appareil. Réglez-le sur le **mode manuel / cuisson sous pression**. Programmez la minuterie à 7 min, **départ immédiat**. Fermez et verrouillez.

2 Réduisez le potimarron en purée. Battez énergiquement les œufs avec le sucre. Ajoutez la vanille, puis le potimarron et enfin le lait, sans cesser de remuer. Répartissez dans 4 ramequins. Filmez-les. Versez 20 cl d'eau dans la cuve, puis placez le panier. Déposez-y les ramequins.

3 Passez en **mode manuel / cuisson sous pression**. Programmez la minuterie sur 5 min, **départ immédiat**. Fermez et verrouillez.

4 Laissez refroidir avant de placer au moins 3 h au frais.

Potimarron
200 g de chair
(en gros dés)

Vanille
1/2 gousse
(les graines)

Œufs
3

Sucre complet
(type rapadura)
1 c. à soupe bombée

Lait
30 cl

PETITES CRÈMES
au chocolat

10 min

8 min

4 pers.

Réfrigération
4 h

191 cal
par portion

1 Mélangez les ingrédients secs, puis ajoutez la crème et le lait petit à petit. Versez dans des ramequins. Filmez et mettez dans le panier vapeur.

2 Insérez la cuve dans l'appareil, puis réglez-le sur le **mode manuel / cuisson sous pression**. Versez 20 cl d'eau dans la cuve, puis déposez-y le panier. Programmez la minuterie à 8 min, **départ immédiat.** Fermez et verrouillez.

3 Laissez refroidir, puis mettez au frais au moins 4 h.

Cacao
1 c. à soupe

Sucre
3 c. à soupe

Fécule de maïs
1 ½ c. à soupe

Crème liquide entière
15 cl

Lait
15 cl

PANNA COTTA
à la mangue

10 min

8 min

4 pers.

Réfrigération 4 h

221 cal par portion

1 Mixez rapidement les blancs d'œufs avec le sucre, la crème et la moitié de la mangue. Versez dans des ramequins. Filmez et mettez dans le panier vapeur.

2 Insérez la cuve dans l'appareil, puis réglez-le sur le **mode manuel / cuisson sous pression**. Versez 20 cl d'eau dans la cuve, déposez le panier. Programmez la minuterie à 8 min, **départ immédiat**. Fermez et verrouillez.

3 Laissez refroidir, puis mettez au moins 4 h au frais. Servez parsemé du reste de mangue.

Mangue
1/2 (en petits dés)

Blancs d'œufs
3

Sucre
40 g

Crème liquide à 15 % de MG
25 cl

SOUPE DE MANGUE
à la cardamome

5 min

5 min

4 pers.

189 cal par portion

1 Mettez les mangues, le sucre, les graines de cardamome et 10 cl d'eau dans la cuve.

2 Insérez la cuve dans l'appareil et réglez-le sur le **mode manuel** / **cuisson sous pression**. Programmez la minuterie à 5 min, **départ immédiat**. Fermez et verrouillez.

3 À la fin de la cuisson, ouvrez l'appareil et mixez pour obtenir une texture lisse. Servez agrémenté de framboises et d'amandes.

Mangues
2 (en morceaux)

Cardamome
6 gousses
(les graines)

Sucre complet
(type rapadura)
1 c. à soupe rase

Framboises
1 poignée

Amandes effilées
1 poignée (grillées)

YAOURTS à la vanille

5 min

2 min

6 pers.

Repos 8 à 10 h

105 cal par portion

1 Faites chauffer la moitié du lait dans une casserole. Mélangez le reste avec le yaourt, le sucre et la vanille. Incorporez le lait chaud, puis versez dans des pots en verre.

2 Placez-les au fond de la cuve. Faites bouillir de l'eau et remplissez la cuve à mi-hauteur des pots. Fermez et verrouillez. Attendez 8 à 10 h (selon la fermeté souhaitée). Veillez à ne pas bouger l'appareil pendant ce temps.

3 Placez au frais avant de déguster.

Lait
1 l

Yaourt nature
1

Sucre
2 c. à soupe

Vanille en poudre
1 c. à café

RIZ AU LAIT
vegan

5 min
10 min
4 pers.
261 cal par portion

1 Rincez abondamment le riz et égouttez-le. Versez-le dans la cuve. Ajoutez la boisson végétale, la vanille, le sucre et les raisins.

2 Insérez la cuve dans l'appareil et réglez-le sur le **mode manuel / cuisson sous pression**. Programmez la minuterie sur 10 min, **départ immédiat**. Fermez et verrouillez.

3 À la fin de la cuisson, laissez gonfler si nécessaire. Retirez la vanille et servez.

Riz
200 g

Boisson végétale
50 cl

Vanille
1 gousse

Sucre complet (type rapadura)
1 c. à soupe bombée

Raisins secs
1 belle poignée

MUSHI PAN au thé matcha

10 min | 5 min
8 gâteaux | 134 cal par portion

1 Tamisez la farine avec la levure et le thé. Fouettez les œufs avec le sucre jusqu'à ce que le mélange soit très léger. Incorporez délicatement le mélange tamisé, puis le lait et l'huile. Remplissez aux deux tiers 8 ramequins garnis de caissettes, puis mettez-les dans le panier vapeur. Glissez 3 feuilles d'essuie-tout sous les poignées du panier pour empêcher la vapeur de retomber sur les gâteaux.

2 Insérez la cuve dans l'appareil, puis réglez-le sur le **mode manuel / cuisson sous pression**. Versez 20 cl d'eau, puis déposez le panier. Programmez la minuterie à 5 min, **départ immédiat**. Fermez et verrouillez. Dégustez froid.

Thé matcha en poudre
2 c. à café

Farine
120 g

Œufs
2

Sucre
50 g

Lait
4 c. à soupe

... et aussi un peu de
- Levure chimique (2 c. à café)
- Huile de tournesol (2 c. à soupe)

CHEESECAKE japonais

10 min — 8 min

6 pers. — 153 cal par portion

1 Dans un saladier, mélangez le Philadelphia®, la margarine, les œufs et le sirop d'agave, puis ajoutez la farine et la vanille. Graissez un moule à flan (Ø 18 cm), puis versez-y le sucre de canne. Versez-y la préparation.

2 Insérez la cuve dans l'appareil. Versez 20 cl d'eau et déposez le moule à même le fond. Réglez l'appareil sur le **mode manuel / cuisson sous pression**. Programmez la minuterie à 8 min, **départ immédiat**. Fermez et verrouillez.

Philadelphia® allégé
70 g

Margarine légère
50 g (en dés)
+ 1 noisette

Œufs
2

Sirop d'agave
3 c. à soupe

Farine
120 g

... et aussi un peu de

+ Vanille en poudre (2 pincées)
+ Sucre de canne (3 c. à soupe)

FONDANT VAPEUR
cacao, courgette et coco

15 min | 20 min

6 pers. | 183 cal par portion

1 Pressez la courgette fortement dans un torchon. Dans un saladier, mélangez le cacao avec le sirop d'agave. Ajoutez les œufs un à un, la courgette, la farine et la levure tamisées, puis 1 pincée de sel. Versez dans un moule à gâteau en silicone (Ø 18 cm), parsemez de noix de coco et filmez.

2 Insérez la cuve dans l'appareil. Versez 50 cl d'eau. Placez le panier vapeur et déposez-y le moule. Réglez l'appareil sur le **mode manuel / cuisson sous pression**. Programmez la minuterie à 20 min, **départ immédiat**. Fermez et verrouillez.

Cacao cru
3 c. à soupe

Courgette
200 g
(râpée très finement)

Noix de coco en copeaux
2 c. à soupe

Sirop d'agave
100 g

Œufs
3

... et aussi un peu de
+ Farine (80 g)
+ Levure chimique (1/2 sachet)

BOWL CAKE
aux fruits rouges

10 min

5 min

2 pers.

180 cal par portion

1 Dans 1 bol d'une contenance de 40 cl, répartissez l'huile de coco, les blancs d'œufs, le sirop d'agave, le lait et la farine. Mélangez bien. Ajoutez les fruits rouges (gardez-en un peu pour la décoration).

2 Insérez la cuve dans l'appareil. Versez 50 cl d'eau. Placez le panier vapeur et déposez le bol. Réglez l'appareil sur le **mode manuel / cuisson sous pression**. Programmez la minuterie à 5 min, **départ immédiat**. Fermez et verrouillez.

3 Servez le gâteau démoulé et accompagné des fruits réservés.

Fruits rouges surgelés
4 c. à soupe

Huile de coco
2 c. à café

Blancs d'œufs
2

Sirop d'agave
2 c. à soupe

Lait écrémé
2 c. à soupe

Farine
40 g

FLAN
aux pommes

10 min

13 min

6 pers.

126 cal
par portion

1 Dans un saladier, mélangez le lait, les œufs, le sirop d'agave et la farine tamisée pour obtenir un mélange homogène. Mixez si nécessaire. Ajoutez les pommes et mélangez de façon à bien les recouvrir de pâte. Versez dans un moule en silicone (Ø 18 cm) et filmez.

2 Insérez la cuve dans l'appareil. Versez 50 cl d'eau. Placez le panier vapeur et déposez le moule. Réglez l'appareil sur le **mode manuel / cuisson sous pression**. Programmez la minuterie à 13 min, **départ immédiat**. Fermez et verrouillez.

Si vous le souhaitez, parfumez le flan avec de la cannelle en poudre et décorez de bâton de cannelle.

Pommes Pink Lady
2 (pelées, en fines lamelles)

Lait écrémé
20 cl

Œufs
3

Sirop d'agave
2 c. à soupe

Farine
50 g

COMPOTÉE de fruits rouges

5 min

5 min

4 pers.

73 cal par portion

1 Dans la cuve, mettez tous les ingrédients et 2 c. à soupe d'eau.

2 Insérez la cuve dans l'appareil et réglez-le sur le **mode manuel / cuisson sous pression**. Programmez la minuterie sur 5 min (7 min si les fruits rouges sont congelés), **départ immédiat**. Fermez et verrouillez.

3 À la fin de la cuisson, retirez la badiane et servez.

Pommes
2 (pelées, en dés)

Fruits rouges
300 g

Étoile de badiane
1

Sucre complet (type rapadura)
1 c. à soupe bombée

ÉCRASÉ DE FRUITS
d'automne

10 min

6 min

4 pers.

119 cal par portion

1 Dans la cuve, mettez les fruits, le gingembre, le laurier et 2 c. à soupe d'eau.

2 Insérez la cuve dans l'appareil et réglez-le sur le **mode manuel / cuisson sous pression**. Programmez la minuterie sur 6 min, **départ immédiat**. Fermez et verrouillez.

3 À la fin de la cuisson, retirez le laurier. Écrasez grossièrement à la fourchette et servez chaud.

Pommes
3 (pelées, en morceaux)

Coing
1 (pelé, en morceaux)

Poires
2 (pelées, en morceaux)

Gingembre frais
1 morceau (râpé)

Laurier
1 feuille

COMPOTE POMMES, raisins et orange

10 min

5 min

4 pers.

148 cal par portion

Pommes
6 (pelées, en dés)

Raisins secs
50 g

Jus d'orange
10 cl

1 Mettez les pommes, les raisins et le jus d'orange dans la cuve.

2 Insérez la cuve dans l'appareil, puis réglez-le sur le **mode manuel / cuisson sous pression**. Programmez la minuterie à 5 min, **départ immédiat**. Fermez et verrouillez.

Parfumez la compote avec de la cannelle ou du gingembre en poudre.

INDEX par ingrédient

TABLE DES ÉQUIVALENCES FRANCE-CANADA

Poids

55 g	2 onces	200 g	7 onces	500 g	17 onces
100 g	3 onces	250 g	9 onces	750 g	26 onces
150 g	5 onces	300 g	10 onces	1 kg	35 onces

Ces équivalences permettent de calculer le poids à quelques grammes près (en réalité, 1 once = 28 g).

Capacités

25 cl	1 tasse	75 cl	3 tasses
50 cl	2 tasses	1 l	4 tasses

Pour faciliter la mesure des capacités, une tasse équivaut ici à 25 cl (en réalité, 1 tasse = 8 onces = 23 cl).

Crédits des recettes

© Larousse, Marine Durand : 6, 8, 38, 40, 42, 44, 46, 48, 50, 52, 54, 56, 58, 60, 68, 70, 74, 76, 78, 80, 82, 84, 86, 90, 94, 96, 102, 104, 114, 122, 124, 126, 128, 130, 134, 192, 194, 196, 198 ; © Larousse, Noémie Strouk : 30, 116, 176 ; © Larousse, Noëmie André : 36, 62, 64, 66, 72, 88, 92, 98, 100, 106, 108, 110, 112, 118, 120, 132, 144, 180, 182, 190, 204 ; © Larousse, Clémence Roquefort : 12, 14, 24, 28, 34, 136, 138, 142, 148, 150, 152, 154, 186 ; © Larousse, Louise Browaeys : 10, 16, 18, 20, 22, 32, 140, 156, 158, 160, 162, 164, 166, 168, 178, 184, 188.

Crédits photographiques

© Larousse, Fabrice Veigas : 7, 9, 39, 41, 43, 45, 47, 49, 51, 53, 55, 57, 59, 61, 69, 71, 75, 77, 79, 81, 83, 85, 87, 91, 95, 97, 103, 105, 115, 123, 125, 127, 129, 131, 135, 193, 195, 197, 199 ; © Larousse, Amandine Honegger : 11, 13, 15, 17, 19, 23, 25, 27, 31, 35, 37, 63, 65, 67, 73, 89, 93, 99, 101, 107, 109, 111, 113, 117, 119, 121, 133, 143, 145, 149, 151, 153, 171, 173, 175, 177, 181, 183, 185, 187, 189, 191, 201, 203, 205 ; © Larousse, Olivier Ploton : 21, 29, 33, 137, 139, 141, 147, 155, 157, 159, 161, 163, 165, 167, 169, 179.

Crédits des illustrations et des packshots

© Larousse, © Shutterstock, © Thinkstock.

Direction de la publication : Isabelle Jeuge-Maynart et Ghislaine Stora
Direction éditoriale : Émilie Franc
Édition : Maud Rogers
Conception graphique et couverture : Claire Morel-Fatio
Mise en pages : Lucile Jouret
Informatique éditoriale : Philippe Cazabet
Réalisation : Les PAOistes
Fabrication : Donia Faiz et Émilie Latour

Les Éditions Larousse utilisent des papiers composés de fibres naturelles, renouvelables, recyclables et fabriquées à partir de bois issus de forêts qui adoptent un système d'aménagement durable. En outre, les Éditions Larousse attendent de leurs fournisseurs de papier qu'ils s'inscrivent dans une démarche de certification environnementale reconnue.

ISBN : 978-2-03-596727-5
Imprimé en Espagne par Macrolibros
Dépôt légal : janvier 2019
322831/01 - 11039830 – novembre 2018